BEI GRIN MACHT SICH IHR
WISSEN BEZAHLT

- Wir veröffentlichen Ihre Hausarbeit,
  Bachelor- und Masterarbeit

- Ihr eigenes eBook und Buch -
  weltweit in allen wichtigen Shops

- Verdienen Sie an jedem Verkauf

Jetzt bei www.GRIN.com hochladen
und kostenlos publizieren

Bibliografische Information der Deutschen Nationalbibliothek:

Die Deutsche Bibliothek verzeichnet diese Publikation in der Deutschen National-
bibliografie; detaillierte bibliografische Daten sind im Internet über http://dnb.d-
nb.de/ abrufbar.

Impressum:

Copyright © 2008 GRIN Verlag, Open Publishing GmbH
Druck und Bindung: Books on Demand GmbH, Norderstedt Germany
ISBN: 978-3-668-17647-8

Dieses Buch bei GRIN:

http://www.grin.com/de/e-book/169294/wie-kann-weltfrieden-durch-religionsfrie-
den-mithilfe-kuengs-projekt-weltethos

Jasmin Nicole Schmid

Wie kann Weltfrieden durch Religionsfrieden mithilfe Küngs Projekt "Weltethos" entstehen?

GRIN Verlag

GRIN - Your knowledge has value

Der GRIN Verlag publiziert seit 1998 wissenschaftliche Arbeiten von Studenten, Hochschullehrern und anderen Akademikern als eBook und gedrucktes Buch. Die Verlagswebsite www.grin.com ist die ideale Plattform zur Veröffentlichung von Hausarbeiten, Abschlussarbeiten, wissenschaftlichen Aufsätzen, Dissertationen und Fachbüchern.

Besuchen Sie uns im Internet:

http://www.grin.com/

http://www.facebook.com/grincom

http://www.twitter.com/grin_com

Inhaltsverzeichnis

1. Kampf der Kulturen...2

2. Entstehung des Projekts "Weltethos"..4

   2.1 Entfaltung der "Weltethosidee"...4

   2.2 Das Parlament der Weltreligionen 1993...4

   2.3 Gründung der Stiftung "Weltethos"...5

3. Inhalt des Projekts "Weltethos"...6

   3.1 Bedeutung des Begriffes "Weltethos"..6

   3.2 Drei Grundsätze eines "Weltethos"...6

      3.2.1 Notwendigkeit eines "Weltethos" für eine neue Weltordnung.......................6

      3.2.2 Änderung des ethischen individuellen Bewusstseins.....................................7

      3.2.3 Grundforderung im Sinne der goldenen Regel..7

   3.3 Vier unverrückbare Richtlinien..8

      3.3.1 Eine Kultur der Gewaltlosgkeit und der Ehrfurcht vor allem Leben............8

      3.3.2 Eine Kultur der Solidarität und eine gerechte Wirtschaftsordnung..............9

      3.3.3 Eine Kultur der Toleranz und ein Leben in Wahrhaftigkeit..........................9

      3.3.4 Eine Kultur der Gleichberechtigung und die Partnerschaft von Mann und Frau....10

   3.4 Weltfrieden durch dialogbegründeten Religionsfrieden.....................................11

4. Arbeit der Stiftung "Weltethos"...11

   4.1 Bildung...11

   4.2 Forschung..12

   4.3 Begegnung...12

   4.4 Erfolge...13

   4.5 Zukunft..14

5. Kritische Beleuchtung des Projekts "Weltethos"...14

   5.1 "zu westlich"...14

   5.2 Inhaltliche Ungenauigkeit..15

6. Zusammenfassung..17

Literaturverzeichnis..19

1. Kampf der Kulturen

Die Erde wird immer internationaler und damit multikultureller. Die Vermischung der Religionen, zum Beispiel durch Einwanderung nach Deutschland, ist offensichtlich. Etwa zwei Drittel der Bevölkerung in Deutschland sind Christen. Etwa die Hälfte davon ist römisch-katholisch, die andere Hälfte evangelisch. Das restliche Drittel ist konfessionslos. Dies ist zum Großteil auf die Wiedervereinigung mit den Bürgern der neuen Bundesländer zurückzuführen, welche in der Regel keiner Religionsgemeinschaft angehörten. Zunehmend gewinnen in Deutschland auch andere Weltreligionen an Bedeutung. Die jüdischen Gemeinden besitzen 110.000 Mitglieder, buddhistische Gemeinden 250.000 Mitglieder und hinduistische Gemeinden 110.000 Mitglieder. Viele der in Deutschland lebenden Ausländer bekennen sich zum Islam. Etwa 3,3 Millionen Moslems leben derzeit in Deutschland.[1]

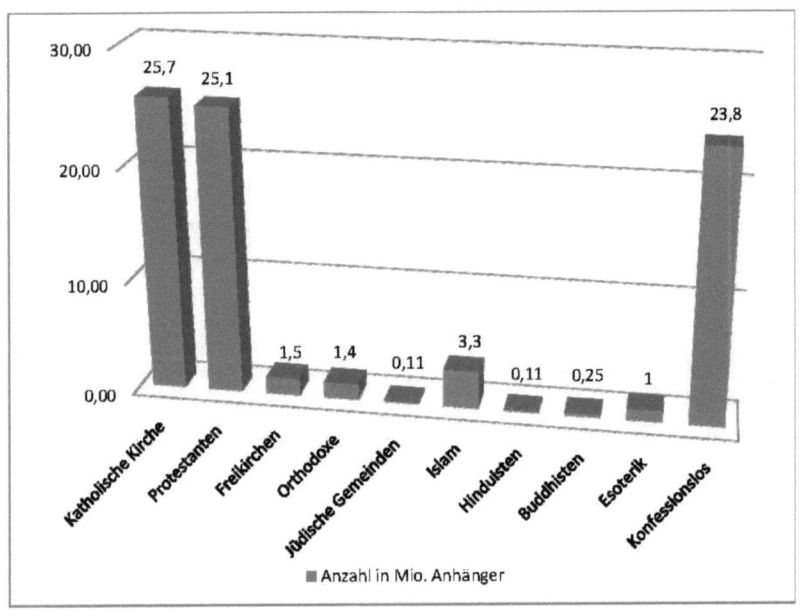

(Statistik der Religionszugehörigkeit in Deutschland vom 06.09.2008[2])

Der US-amerikanische Politikwissenschaftler Samuel Phillips veröffentlichte 1993 einen Artikel namens "The Clash of Civilizations" im amerikanischen Politikmagazin Foreign Affairs. In diesem stellte er die These auf, dass die Weltpolitik des 21. Jahrhunderts nicht von Auseinandersetzungen politischer oder wirtschaftlicher, sondern kultureller Natur geprägt sein werde.[3] Huntingtons Buch "Clash of Civilizations" wurde im Jahre 1996 von dem

---

1 Vgl. https://de.wikipedia.org/wiki/Religionen_in_Deutschland
2 Diagramm erstellt aus den Daten von https://de.wikipedia.org/wiki/Religionen_in_Deutschland
3 http://www.foreignaffairs.org/19930601faessay5188/samuel-p-huntington/the-clash-of-civilizations.html
(25.07.2008)

Europaverlag herausgebracht und löste eine Welle der Entrüstung aus. In dem Buch prognostizierte Huntington speziell hinsichtlich der Globalisierung auftretende, weltweite gewalttätige Auseinandersetzungen zwischen Muslimen und Nichtmuslimen[4]. Um diesen "Clash of Civilizations" zu vermeiden und auf die Probleme mit der einhergehenden Internationalsierung und Multikulturalität im Zeitalter des 21. Jahrhunderts einzugehen, fühlte sich der umstrittene katholische Theologe Hans Küng[5] berufen zu reagieren. Er nutzte sein fundiertes Wissen über die Religionen und rief das Projekt "Weltethos" ins Leben. In der gesamten Seminararbeit stelle ich durchwegs den religiösen und nicht den wirtschaftlichen oder politischen Aspekt in den Vordergrund. Wie kann Weltfrieden durch Religionsfrieden mithilfe Küngs Projekt "Weltethos" entstehen? Wie ist es bei einer so großen Anzahl der verschiedenen Religionen auf der Erde überhaupt möglich, einen Grundethos zu bilden und ihn für alle geltend zu machen? Da das Thema sehr weitläufig ist, habe ich in dieser Seminarbeit den Schwerpunkt auf den Inhalt des Projekts "Weltethos" gelegt und mich daher stark auf das Buch *H. Küng-K-J. Kuschel, Erklärung zum Weltethos. Die Deklaration des Parlamentes der Weltreligionen, Piper, München, 1990*, bezogen. Aufgrund der chronologischen Richtigkeit, wird jedoch zuerst auf die Entstehung des Projekts "Weltethos" näher eingegangen. Wer gab Küng Hilfe, seine Gedanken praktisch umzusetzen? Welche Rolle spielte dabei das Parlament der Religionen? Einen weiteren Gliederungspunkt bildet die Vorstellung der Arbeit der Stiftung "Weltethos". Diese wird hauptsächlich anhand der Stiftung in Tübingen dargestellt, da dort der Ausgangspunkt des "Projekt Weltethos" war und ich diese selbst besucht habe. Auch auf zwei besonders prägnante Kritiken, welche dem Projekt vorgeworfen werden, wird näher eingegangen. Im persönlichen Gespräch mit einer Mitarbeiterin des Projekts holte ich zusätzliche Informationen ein. Diese wurden gliederungspunktbetreffend in den Fließtext miteingearbeitet.

4
http://www.faz.net/s/RubA330E54C3C12410780B68403A11F948B/Doc~ECC7B8C86398241C1901F1E28FC1
5 D789~ATpl~Ecommon~Scontent.html (26.09.2008)
5 Hans Küng wurde 1928 in Sursee, in der Schweiz, geboren und studierte von 1948 bis 1957 Philosophie und Theologie an der Päpstlichen Universität Gregoriana und an der Sorbonne zu Paris. Von 1959-60 war Küng wissenschaftlicher Assistent an der Katholisch-theologischen Fakultät der Universität Münster/Westfalen. Ab 1960 dann ordentlicher Professor der Fundamentaltheologie an der Katholisch-theologischen Fakultät der Universität Tübingen. 1962 wurde Hans Küng offizieller Berater des 2. Vat. Konzils (Peritus), ernannt von Papst Johannes XXIII. 1970 veröffentlichte er das Buch mit dem Titel "Unfehlbar", indem er die Unfehlbarkeit des Papstes in Frage stellte. Ihm wird daraufhin 1980 die theologische Lehrerlaubnis entzogen. Dieser Lehrerlaubnisentzug erfolgte ein Jahr darauf. Trotzalledem bleibt er fakultätsunabhängiger Professor für ökumenische Theologie an der Universität Tübingen bis zu seinem Ruhestand 1996. Seither widmet er sich vornehmlich der 1995 von ihm gegründeten Stiftung Weltethos, bei der er bis heute Präsident ist. (Stand September 2008)
Seine Werke unter anderem sind: Dissertation mit dem Titel Rechtfertigung. Die Lehre Karl Barths und eine katholische Besinnung (1957), Konzil und Wiedervereinigung (1960), Strukturen der Kirche (1962, Die Kirche (1967), Unfehlbar? Eine Anfrage (1970), Christ sein (1974), 20 Thesen zum Christsein (1975), Existiert Gott? (1978), Theologie im Aufbruch. Eine ökumenische Grundlegung (1987), Projekt Weltethos (1990), Das Judentum (1991) Weltfrieden durch Religionsfrieden. Antworten aus den Weltreligionen (1993), Das Christentum. Wesen und Geschichte (1994), Der Islam (1994), Ja zum Weltethos. Perspektiven für die Suche nach Orientierung (1995), Brücken in die Zukunft. Ein Manifest für den Dialog der Kulturen (2001), Erkämpfte Freiheit - Erinnerungen (2002) usw. Fast alle Titel sind auch in französischer, italienischer, englischer, spanischer, holländischer und weiteren Ausgaben erschienen.
(vgl. http://www.uni-tuebingen.de/uni/uoi/Institut/Personen/Kueng/Bibliographie.html) (08.07.2008)

2. Entstehung des Projekts "Weltethos"

2.1 Entfaltung der "Weltethosidee"

Küng beschäftigte sich schon seit seinem Studium mit dem Gedanken, den Dialog zwischen den Weltreligionen anzutreiben, um ein friedliches, gerechtes Zusammenleben der Religionen zu ermöglichen. Dies wird in seinem UNESCO Kolloquium Grundlagenpapier "Pas de paix entre les nations sans paix entre les religions" und "Projekt Weltethos", welches 1990 veröffentlicht wurde, deutlich.[6] Nicht nur allein sein abgeschlossenes Theologiestudium und seine Tätigkeit als Professor für Fundamentaltheologie, auch die Publikation seiner Trilogie "Judentum", "Christentum", "Islam" zeigt auf, dass Küng sich durch jahrelange Forschung ausgiebig mit den Weltreligionen befasst hat. *Es war aber vor allem die welpoltische Lage Ende der 80er, in der Küng besonders auffiel, dass es ohne den Dialog zwischen den Religionen nicht zu einem Frieden zwischen den Staaten kommen kann.*[7]

Der Theologe bekam am 27. Februar 1992, nach bereits einem gescheiterten Anlauf, erneut den Auftrag, eine entsprechende Deklaration im Rahmen seines Weltethosprojektes zu entwerfen und diese ein Jahr darauf in Chicago auf dem Parlament der Weltreligionen vorzustellen. Küng war sich der Wichtigkeit dieser Aufgabe äußerst bewusst, da er wusste, dass ihm damit eine ganz und gar einmalige Chance geboten wurde seine Idee des "Weltethos" vorzustellen, zu verwirklichen und Anhänger dafür zu finden.[8]

2.2 Das Parlament der Weltreligionen 1993

Das "Parlament der Religionen der Welt 1993" umfasste die Tage des 28. August bis 5. September 1993 in Chicago. Die Initiatoren, welche Mitglieder Chicagos Religionsgemeinschaften waren, wollten das interreligiöse Verständis fördern und die Rolle der Religion für das 21 Jahrhundert bestimmen. Das Programm wurde dominiert von den Themen: Ökologie, Wirtschaft und Frauenfragen. Es bot über 700 Vorträge, Symposien, Ausstellungen, Konzerte usw. Insgesamt nahmen 7000 Personen teil. So auch der katholische Theologe Hans Küng, der seine persönlichen Eindrücke des Parlamentes schildert: *Wer interreligiös lernen wollte, hatte hier reichlich Gelegenheit (...) Wer nach Chigaco fuhr und die sieben Tage mitmachte, fuhr als ein veränderter Mensch nach Hause.*[9] Die Weltethoserklärung von Chicago, welche am 4. September von Küng persönlich vorgetragen wurde, greift die Menschenpflichtsserklärung der Vereinten Nationen[10] auf und möchte das, was dort auf juristischer/rechtlicher Ebene erläutert wird, vom moralischen und ethischen

---

6 Vgl. H. Küng-K-J. Kuschel, Erklärung zum Weltethos. Die Deklaration des Parlamentes der Weltreligionen, Piper, München, 1993, 51
7 Julia W., Interview vom 09.09.2008
8 Vgl. Küng-Kuschel, 55-56
9 Küng-Kuschel, 113
10 Ist eine Initiative des "InterAction Council", die als Ergänzung zur allgemeinen Erklärung der Menschenrechte 1997 den "Vereinten Nationen" vorgelegt wurde. Sie beschreibt eine Reihe von Pflichten, die jeder Mensch besitzt, um den richtigen menschlichen Umgang im Miteinander zu bewahren (vgl .H.Küng, Weltpolitik und Weltethos. Status quo und Perspektiven, Wien, 2002, 52-61)

Aspekt her unterstreichen. Trotz starker Kritik unterschrieben *ca. 6500 Mitglieder*,[11] darunter auch der Dalai Lama und andere wichtige Persönlichkeitender der "Assembly of religious and spiritual leaders" und bekräftigten somit Küngs Idee eines gemeinsamen Weltethos.[12] Der Schweizer Theologe zeigte sich äußerst zufrieden. Besonders erfreute es Küng, dass die ethische Grundforderung "jeder Mensch muss menschlich behandelt werden" und die "goldene Regel" als selbstverständlich rezipiert wurden. Ebenso, dass die Fragen, wofür ein "Weltethos" benötigt würde oder wofür ein "Weltethos" überhaupt gut sei, erst gar nicht aufkamen.[13]

2.3 Gründung der Stiftung "Weltethos"

Nach der Vorlesung der "Erklärung des Weltethos" 1993, auf dem Weltparlament der Religionen in Chicago, bekam Küng zwei Jahre später finanzielle Hilfe bei der praktischen Umsetzung seiner Gedanken. Das Projekt "Weltethos" in Tübingen konnte durch die gespendete Geldsumme von Graf Karl Konrad von der Groeben[14], der durch das Lesen des Buches "Projekt Weltethos" auf Küngs Idee aufmerksam wurde, errichtet werden. Dieser stellte eine betraglich unbekannte, jedoch sehr große Geldsumme bereit. Aus den Zinserträgen des Stiftungskapitals wollte er die in Küngs Buch erwähnten Gedanken und Ziele umsetzen und die Arbeit langfristig sichern. Weitere Initiativen und Projekte werden zusätzlich durch das gegebene Geld unterstützt.[15] Graf Karl Konrad von der Groeben 's Intention wird deutlich, indem er sagt: *(...) Wir müssen loskommen von der gepriesenen Selbstverwirklichung und vom Wohlstandsdenken und den Menschen klar machen, daß wir zum gemeinsamen Leben in Frieden und Freiheit hohe ethische Normen brauchen. Vielleicht schließen sich noch mehr Menschen unserer Initiative an. An Arbeit und Aufgaben wird es nicht fehlen!*[16]

So begann erstmalig 1995 ein kleines Forschungsteam unter der Leitung Küngs im Dienste eines "Weltethos" zu arbeiten.[17] Befragt nach der persönlichen Intention der Mitarbeiterin Julia W. erfuhr ich, dass diese sich schon immer für Friedenspolitik und Konfliktanalyse interessiert habe und durch Aufklärung Gläubige mündig machen möchte, um den politischen Mißbrauch von Religionen zu verhindern.[18]

---

11 Julia W., Interview vom 09.09.2008
12 Vgl. D. Lüddeckens, Art: Weltparlament d. Religionen, in: TRE 35 (2003), 619-620
13 Vgl. Küng-Kuschel, 81
14 Karl Konrad Graf von der Groeben stammte aus Ostpreußen. Nach dem Krieg erwarb er eine Lizenz für die Coca-Cola-Gesellschaft, dies war die finanzielle Grundlage für sein späteres Vermögen. Graf von der Groeben verstarb am 6. Juli 2005 im Alter von 86 Jahren. (vgl. http://www.amadeu-antonio-stiftung.de/wir-ueber-uns/gremien/der-stifter) (07.07.2008)
15 Vgl. http://www.weltethos.org/01-geschichte.htm (04.07.2008)
16 http://www.weltethos.org/01-geschichte.htm (04.07.2008)
17 http://www.weltethos.org/01-geschichte.htm (09.09.2008)
18 Vgl. Julia W.,, Interview vom 09.09.2008

3. Inhalt des Projekts "Weltethos"

3.1 Bedeutung des Begriffes "Weltethos"

Der Begriff "Weltethos" meint vor allem ein globales, alle Kulturen, Gesellschaften und Nationen umspannendes Korpus moralischer Prinzipien, Regeln und Wertvorstellungen.[19] Das Projekt "Weltethos" von Hans Küng weicht hinsichtlich der Religion von der zitierten Lexikon-Definition wenig ab. Sie meint dabei keine Weltideologie oder eine einheitliche neue Weltreligion, noch eine Mischung aus allen Religionen. Auch möchte der "Weltethos" keine Hochethik der Religionen durch einen ethischen Minimalismus ersetzen, um somit auf einen gemeinsamen Grundkonsens zu treffen.[20] Küng erklärt: *Man sollte nicht meinen, das Weltethos sei sehr kompliziert. Es geht – wie ich zu betonen nicht müde werde – um das elementare Minimum, das sich in allen Weltreligionen findet.*[21]

Gemeinsamkeiten in den Weltreligionen existieren bereits, welche die Grundlage eines "Weltethos" bilden können. Hervorzuheben sind jedoch die Übereinstimmungen in Bezug auf menschliches Verhalten, sittliche Werte und moralische Grundüberzeugungen. Dabei spielt es keine Rolle, ob man selbst religiös oder nicht gläubig ist. Auch Nichtgläubige sind in der Lage entsprechend zu handeln und werden eingeladen, das Ethos sich anzueignen und davon zu lernen.[22] Jedoch sollte sich jeder einzelne Mensch bewusst werden, dass man nicht nur die Verantwortung für sein eigenes Handeln, sondern auch die Verantwortung für eine bessere Welt trägt. Damit stellt das Projekt drei Grundforderungen an jeden einzelnen, welche als 3 Grundsätze eines "Weltethos" bezeichnet werden.

3.2 Drei Grundsätze eines "Weltethos"

3.2.1 Notwendigkeit eines "Weltethos" für eine neue Weltordnung

Küng beschreibt in seiner Deklaration die Weltsituation: *Unsere Welt geht durch eine fundamentale Krise: eine Krise der Weltwirtschaft, der Weltökologie, der Weltpolitik*[23]. Zunehmende Arbeitslosigkeit, Hunger und Zerstörung der Familien, Korruptionsaffären in Politik und Wirtschaft und andere organisierte Verbrechen lassen die Hoffnung auf Frieden unter den Völkern schwinden. Rassische, soziale und ethnische Konflikte erschweren das Zusammenleben der Menschen untereinander und bestehen weiter fort.[24] Dies gilt es zu stoppen um den Weltfrieden langfristig zu sichern. Es bedarf einer Vision des friedlicheren Zusammenlebens der Völker, Gruppierungen und Religionen. Gerade die Religionen sorgen dafür, dass Hoffnungen, Ziele, Ideale und Maßstäbe begründet und gelebt werden können. Sie tragen eine große Verantwortung für das Handeln verschiedener Kulturgruppen. Daher ist der Dialog zwischen den Weltreligionen unausweichlich.

---

19 T. Hausmanninger, Art: Weltethos, in: LThK 10 (2006), 1074
20 Vgl. Küng, Weltpolitik und Weltethos, 27
21 H. Küng, Wozu Weltethos? Im Gespräch mit Jürgen Hoeren, Herder, Freiburg im Breisgau, 2002, 155
22 Vgl. Küng-Kuschel, 21
23 Küng-Kuschel, 19
24 Vgl. Küng-Kuschel, 19

Die Allgemeine Menschenrechtserklärung der Vereinten Nationen von 1948 alleine reicht nicht aus. Hinzu kommt die Einsicht, dass mit Gesetzen und Verordnungen alleine keine bessere Weltordnung geschaffen werden kann. Die Verwirklichung von Frieden, Gerechtigkeit und Aufrechterhalten der Erde hängt von Kopf und Herz hinsichtlich der inneren Einstellung jedes einzelnen Menschens ab. Es gilt daher, dass es keine neue Weltordnung ohne Einsicht für einen gemeinsamen "Weltethos" geben kann.[25]

3.2.2 Änderung des ethischen individuellen Bewusstseins

Um zu dieser neuen Weltordnung zu gelangen, bedarf es einer Umkehr des Denkens der Menschen. Jeder Mensch trägt die individuelle Verantwortung für sein Handeln. Die Vertiefung und die Weitergabe dieser Verantwortung und des einhergehenden Bewusstseins darüber ist die besondere Aufgabe der Religion.[26] Mit einem "Weltethos" soll ein universaler Konsens hinsichtlich der Verantwortung für viele umstrittene ethische Einzelfragen gefunden werden. Für möglichst viele Berufsklassen soll ein zeitgemäßer Ethikcode ausgearbeitet werden. Diese Codes bieten dann den Menschen, die in den jeweiligen Berufsklassen arbeiten, konkretere Richtlinien für die Beantwortung berufsspezifischer aufkommender Fragen.[27] Vor allem appelliert Küng hinsichtlich der Verantwortung jedoch an die einzelnen Glaubensgemeinschaften. Diese werden aufgefordert, ihr ganz spezifisches Ethos zu formulieren. Verschiedene ethische Fragen sollen beantwortet und deutlich gemacht werden, inwieweit die jeweiligen Religionen darüber urteilen und mit welchen Argumenten sie ihre Meinung vertreten. Klärung der Thematik über den Sinn des Lebens und die Vergebung von Schuld sind Beispiele für derartige ethische Fragen. Wenn Klarheit über die verschiedenen Glaubenstraditionen herrscht, kann das Weltethos vertieft und konkretisiert werden, Menschen werden sich der ähnelnden Ethiken der einzelnen Religionen bewusst und erkennen die Existenz eines bereits bestehenden "Weltethos" an.[28]

Doch dies allein reicht nicht aus. In seiner Deklaration ruft Küng ganz konkret die Menschheit auf: *Wir plädieren (...) für ein Erwecken unserer spirituellen Kräfte durch Reflexion, Meditation, Gebet und positives Denken, für eine Umkehr der Herzen.*

Gemeinsam können wir Berge versetzen![29] Ohne die Mithilfe jedes einzelnen Menschen würde das Projekt scheitern.

3.2.3 Grundforderung im Sinne der goldenen Regel

Es sind vor allem die religiösen Traditionen, die genügend Elemente eines Ethos enthalten, welche für alle religiöse und auch nicht religiöse Menschen ersichtlich sind. Doch es ist

---

25 Vgl. Küng-Kuschel, 23-24
26 Vgl. Küng-Kuschel, 41
27 Vgl. Küng-Kuschel, 41-42
28 Vgl. Küng-Kuschel, 42
29 Küng-Kuschel, 42

unausweichlich, dass man bei einer Herausarbeitung der Gemeinsamkeiten zwischen Religionen auch Gegensätze und Unterschiede entdeckt. Hierbei ist es nach Julia W. wichtig, die Schönheit der Vielfalt an Religionen wertzuschätzen und die Unterschiede zu respektieren. Auch ermöglichen Unterschiede in den Religionen die Chance, seinen eigenen Horizont zu erweitern und von anderen Glaubensgemeinschaften zu lernen.[30]

Der Artikel 1 der Grundrechte besagt: *Die Würde des Menschen ist unantastbar. Sie zu achten und zu schützen ist Verpflichtung aller staatlichen Gewalt.*[31] Dieses Grundgesetz spricht rechtlich das aus, was Küng mit seiner Grundforderung: *Jeder Mensch muss menschlich behandelt werden*[32] in seiner Deklaration moralisch fordert. Wie bei dem Grundrecht ist es auch hierbei gleich, welcher Religion, Nationalität, Geschlecht oder sozialer Herkunft man angehört. Um dies zu betonen verknüpft Küng seine Forderung mit der seit Jahrtausenden bewährten Weisheit, der "goldenen Regel": *Was du nicht willst, dass man dir tut, das füg auch keinem anderen zu.*[33] Dieses uralte Prinzip des Kerns der Moral lässt sich in vielen Religionen wiederfinden.[34] Somit ist dies ein moralisches Grundprinzip welches sich, aufgrund der Vorkommnisse in den verschiedensten Religionen, als sogenannter "Grundethos" bezeichnen lässt. Es ergeben sich daraus vier Weisungen für vier zentrale Lebensbereiche an die man gebunden ist, um im Sinne der "goldenen Regel" und der Menschlichkeit zu agieren.

3.3 Vier unverrückbare Richtlinien

3.3.1 Eine Kultur der Gewaltlosgkeit und der Ehrfurcht vor allem Leben

In der Welt von heute gibt es unglaublich viel Neid, Hass, Eifersucht und daraus resultierende Gewalt. Trotz Gesetze zum Schutz individueller Freiheiten, die in manchen Ländern existieren, gibt es diese unmenschlichen Gefühle und Vorgänge. Gewalt herrscht nicht nur zwischen einzelnen Personen, sondern auch zwischen sozialen und ethnischen Gruppen, zwischen Klassen und Rassen usw. Eine Kultur der Gewaltlosigkeit und der Ehrfurcht vor allem Leben besagt, dass Aggression auf keinen Fall ein Mittel der Auseinandersetzung sein darf.[35]

---

30 Vgl. Julia W., Interview vom 09.09.2008
31 http://www.bundestag.de/parlament/funktion/gesetze/grundgesetz/gg_01.html (12.07.2008)
32 Küng-Kuschel, 26
33 Küng-Kuschel, 28
34 <u>Hinduismus:</u> "Man soll sich nicht in einer Weise benehmen, die für einen selbst unangenehm ist; das ist das Wesen der Moral" (Mahabharata XIII.114.8)<u>Buddhismus:</u> "Ein Zustand, der nicht angenehm oder erfreulich für mich ist, soll es auch nicht für ihn sein; und ein Zustand, der nicht angenehm oder erfreulich für mich ist, wie kann ich ihn einem anderen zumuten?" (Samyutta Nikaya V, 353.35-354.2) <u>Jesus von Nazaret:</u> "Alles, was ihr wollt, daß euch die Menschen tun, das tut auch ihr ihnen ebenso" (Mt 7,12;Lk 6,31) <u>Islam:</u> "Keiner von euch ist ein Gläubiger, solange er nicht seinem Bruder wünscht, was er sich selber wünscht" (40 Hadithe von an-Nawawi 13) <u>Rabbi Hillel:</u> " Tue nicht anderen, was du nicht willst, daß sie dir tun" (Sabbat 31a) (Küng-Kuschel, 82)
35 Vgl. Küng-Kuschel, 29-30

Daher stützt sich die erste Weisung auf das Gebot: Du sollst nicht töten![36] Besonders appelliert Küng an die politischen Machthaber der Staaten, welche aufgefordert werden, sich an die bestehenden Gesetze zu halten und sich für friedliche Lösungen einzusetzen.[37] Als Beispiel führt der Theologe die Befehlshaber der Kindersoldaten in Afrika an.[38] Auch das Leben der Tiere und der Pflanzen wird in die erste Weisung miteinbezogen und verdient demnach besonderen Schutz, Schonung und Pflege von den Menschen. Eine Gemeinschaft mit der Natur und dem Kosmos ist unausweichlich, da wir als Menschen alle zum Einen mit der Natur verflochten und damit voneinander abhängig sind. Zum Anderen eine besondere Verantwortung für die Erde hinsichtlich des Lebensraumes der nachfolgenden Generationen tragen.[39]

3.3.2 Eine Kultur der Solidarität und eine gerechte Wirtschaftsordnung

Schuld an der bereits aufgeführten Weltsituation ist nicht nur der Einzelne, sondern auch die ungerechten gesellschaftlichen Strukuren. Folge davon sind unterbezahlte Arbeitnehmer, Arbeitslosigkeit, Auseinanderklaffung der Lücke zwischen arm und reich usw.[40]

Daher stützt sich die zweite Weisung auf das Gebot: Du sollst nicht stehlen![41] Küng fordert eine gerechtere Gestaltung der Weltwirtschaftstrukuren. Alle Staaten müssen teilnehmen, um die Idee einer gerechten Wirtschaftsordnung zu verwirklichen. Die Armut in der Dritten Welt sollte nicht einfach so hingenommen werden. Es sollte nach Lösungen gesucht werden sie zu stoppen. Dabei ist es wichtig zu beachten, dass Eigentum zugleich dem Wohl der Gemeinschaft dienen solle. Nur so kann Wirtschaftsordnung im Rahmen der Humanität aufgebaut werden.[42]

3.3.3 Eine Kultur der Toleranz und ein Leben in Wahrhaftigkeit

Verrat, Heuchelei und Schwindel sind in der heutigen Zeit alltäglich. Seien es Politiker, die dem Volk kurz vor einer Wahl äußerst attraktive Wahlversprechen abgeben oder Repräsentanten von Religionen, die Anhänger anderer Religionen als minderwertig darstellen.[43]

Daher stützt sich die dritte Weisung auf das Gebot: Du sollst nicht lügen![44] Bei der heutigen Reizüberflutung durch Informationen ist es von besonderer Bedeutung, dass die Informationen, die uns erreichen, auch korrekt sind. Insbesondere die Massenmedien sind in der heutigen modernen Welt die zugänglichste Informationsquelle. Diese Verantwortung

---

36 2. Buch Mose (Exodus), Kapitel 20, Vers 13
37 Vgl. Küng-Kuschel, 29-30
38 Vgl. H. Küng, Weltpolitik und Weltehos, 49
39 Vgl. Küng-Kuschel, 30-31
40 Vgl. Küng-Kuschel, 31-32
41 2. Buch Mose (Exodus), Kapitel 20, Vers 15
42 Vgl. Küng-Kuschel, 31-34
43 Vgl. Küng-Kuschel, 35
44 2. Buch Mose (Exodus), Kapitel 20, Vers 16

9

sollte von den Medien bewusst getragen werden. Besonders appelliert Küng in seiner Deklaration deshalb an die Massenmedien, an Kunst, Literatur und Wissenschaft, an die Politiker und ihre Parteien und an die Repräsentanten von Religionen, dass im Sinne der dritten Weisung keine wahre Menschlichkeit ohne Wahrhaftigkeit und Ehrlichkeit existieren kann.[45] Jeder Mensch besitzt das Recht auf Wahrheit und Wahrhaftigkeit. Untrennbar hiervon ist die Bildung.

Artikel 26 der Menschenrechte besagt: *Jeder Mensch hat Recht auf Bildung.*[46] Ohne Bildung und das notwendige Wissen ist es dem Menschen erst gar nicht möglich, Entscheidungen zu treffen, die für sein Leben wichtig sind. Er weiß nicht was "wichtig" und "unwichtig", "richtig" oder "falsch" ist.[47]

3.3.4 Eine Kultur der Gleichberechtigung und die Partnerschaft von Mann und Frau

Noch immer gibt es überall auf der Welt Vorherrschaften des einen Geschlechts über das andere, sexuellen Missbrauch von Kindern, sowie erzwungene Prostitution.[48]

Daher stützt sich die vierte Weisung auf das Gebot: Du sollst nicht Unzucht treiben![49] Küng betont, dass Sexualität grundsätzlich keine negative Kraft, die zerstört oder ausbeutet, sondern eine schöpferische, gestaltende Kraft ist. In diesem Zusammenhang betonte Küng zu seinem 80. Geburtstag in einem Interview erneut seine Forderung der Aufhebung des Pillen- und Kondomverbots der katholischen Kirche.[50] Eine Beziehung mit einhergehender Sexualität soll durch Liebe, Partnerschaftlichkeit und Verlässlichkeit bestimmt sein. Gegenteiliges, wie sexuelle Ausbeutung oder Geschlechterdiskriminierung, stellt für das Weltethosprojekt eine der schlimmsten Formen der Entwürdigung des Menschen dar.[51] Als Beispiel führt der Theologe Fernsehprostitution geldgieriger Frauen an, die sich öffentlich einem greisen Multimillionär als neue Ehefrau anbieten.[52] Wo immer so unmenschliche Taten begangen werden, sollte dagegen angegangen werden. Wahre Menschlichkeit ist ohne partnerschaftliches Zusammenleben irreal. Liebe und Sexualität ermöglichen unser menschliches Dasein. Im Sinne der vierten Weisung gilt es genau dies zu achten und sich für eine Kultur der Gleichberechtigung und der Partnerschaft zu verpflichten.

---

45 Vgl. Küng-Kuschel, 35-37
46 http://www.unric.org/index.php?option=com_content&task=view&id=105&Itemid=146 (14.07.2008)
47 Vgl. Küng-Kuschel, 37
48 Vgl. Küng-Kuschel, 38
49 2. Buch Mose (Exodus), Kapitel 20, Vers 14
50Vgl.
http://www.glaubeaktuell.net/portal/journal/journal.php?IDD=1205207519&IDDParent=1028562155&Such
e=1&IDT=40&IDB=1 (25.09.2008)
51 Vgl. Küng-Kuschel, 38-39
52 Vgl. Küng, Weltpolitik und Weltethos, 50

3.4 Weltfrieden durch dialogbegründeten Religionsfrieden

Das Projekt stützt sich auf die Grundüberzeugungen: *Kein Frieden zwischen den Nationen ohne Friede zwischen den Religionen. Kein Frieden zwischen den Religionen ohne Dialog zwischen den Religionen. Kein Dialog zwischen den Religionen ohne Grundlagenarbeit in den Religionen.*[53]

Wenn keine Gespräche zwischen den Religionen stattfinden und man sich nicht über Gemeinsamkeiten und Unterschiede austauscht, herrscht Unklarheit und Unsicherheit.

Wie der Koran, so enthält auch die hebräische Bibel Aufforderungen zu Kampf und Krieg. Kein Muslim wird bestreiten können, dass der Begriff "Dschihad", gegensätzlich seiner eigentlichen Bedeutung "moralische Anstrengung", in der Scharia und im Koran häufig im Zusammenhang mit Krieg gebraucht wird.[54] Die Gefahr, dass Religionen zu politischen Zwecken missbraucht werden, um die Leidenschaften der Massen anzustacheln, besteht in allen Religionen.[55]

Küng fordert: *Statt der neuzeitlichen nationalen Interessen-, Macht- und Prestigepolitik brauchen wir eine Politik regionaler Versöhnung, Verständigung und Annäherung.*[56] Um dies zu erreichen bedarf es der Zusammenarbeit mit der internationalen Politik, geführte Dialoge und die Veränderung der UNO Ebene im Sinne der Völkerverständigung.[57]

4. Arbeit der Stiftung "Weltethos"

4.1 Bildung

Die Stiftung leistet religiöse Aufklärungsarbeit, welche interkulturell und interreligiös bilden soll. Nur wenn ein Mensch die vorausgesetzte Bildung und das nötige Wissen über Religionen besitzt, kann er hinsichtlich eines "Weltethos" Urteile fällen und ihn erkennen.

Hierbei bedient sich die Stiftung der öffentlichen Medien: Etliche Zeitungsartikel, Interviews, Rundfunksendungen etc. sind bereits erschienen. Auch die Erstellung von Medien ist eine wichtige Aufgabe der Stiftung. Zum Beispiel das Multimediaprojekt "Spurensuche. Die Weltreligionen auf dem Weg", Sachbücher und weitere Ausstellungen.[58] Zusätzlich werden Vorträge, Seminare oder Workshops in ganz Deutschland gehalten, um die "Weltethosidee"

---

53 http://www.weltethos.org/pdf_dat/ausstellung_deu.pdf (16.07.2008)

54 Vgl. http://www.albertusmagnus.de/text/kueng_1.htm (16.07.2008)

55 Küng führt als Beispiel das Christentum mit Clairvaux' Aufruf zum Kreuzzug an (vgl. Küng, Wozu Weltethos, 85)

56 http://www.albertusmagnus.de/text/kueng_1.htm (16.07.2008)

57 Vgl. Küng, Wozu Weltethos, 83-85

58 Mehr als ein Jahr arbeitete die Stiftung an dem Projekt. Im Mittelpunkt stand die Fernsehdokumentation, produziert vom Südwestrundfunk (SWR) in Kooperation mit dem Schweizer Fernsehen DRS. Die Reihe wurde ab Oktober 1999 jeden Sonntag und Mittwoch um 20.15 Uhr in 3sat ausgestrahlt. Anschließend wurde sie von den Dritten Programmen der ARD übernommen und ist nun als Video-Edition erhältlich. Im Vorfeld war ausführlich für das Multimedia-Projekt geworben worden. Hans Küng hatte es im Oktober 1999 auf der Frankfurter Buchmesse vorgestellt (http://www.mavridis.de/publikationen/weltethos.htm) (30.07.2008)

zu verbreiten und daran interessierte Menschen zu informieren.[59] Hierbei spielen die Weltethosreden eine ganz besondere Rolle.[60] Bekannte Persönlichkeiten, die einen Magnetcharakter besitzen und Leute anziehen, halten Vorträge bezüglich eines konkreten Aspekts, zum Beispiel "Weltethos in Politik", von Helmut Schmidt. Die Reden sind auf der Homepage der Stiftung abrufbar.[61]

Küng ist mit 80 Jahren noch äußerst agil und scheut keinen Kontakt zur Öffentlichkeit. Anlässlich seines 80. Geburtstages am 19. März 2008 fand eine akademische Feier in der Universität Tübingen statt. Die Vertreter der Medien und die Öffentlichkeit waren hierzu alle herzlichst eingeladen. Auch dort hielt Prof. Dr. Karl-Josef Kuschel unter dem Titel "Hans Küng: Neue Horizonte des Denkens" einen Vortrag, der auch über das Projekt "Weltethos" informierte und somit zur Bildung der Zuschauer beitrug.[62]

4.2 Forschung

Eine weitere große Aufgabe der Stiftung ist die interkulturelle und interreligiöse Forschung. Diese wird durchgeführt und gefördert um weitere Informationen, die der "Weltethosidee" nützlich sein könnten, zu entdecken. Die Herausarbeitung der Gemeinsamkeiten und der Unterschiede zwischen den Religionen bedarf einer gründlichen wissenschaftlichen Untersuchung. Ohne die notwendige vordergründliche Forschung innerhalb der einzelnen Religionen ist dies allerdings nicht möglich.

Die ermittelten Ergebnisse werden publiziert, um sie den Menschen, die daran Interesse haben, vorzustellen. Die Herausgabe wissenschaftlicher Publikationen, wie Bücher und Artikel über den "Weltethos", dient der interkulturellen, interreligiösen und interkonfessionellen Verständigung und der Informationszufuhr des Einzelnen.[63]

4.3 Begegnung

Die bereits genannten zwei Aufgabenbereiche benötigen interkulturelle und interreligiöse Begegnung. Ohne den meist persönlich praktizierten Austausch gewinnt man keine Informationen und scheitert somit auch an der benötigten Forschung.

Menschen mit verschiedenen Kulturen sollen gezielt aufeinander treffen und gemeinsam in Dialog treten. Dies geschieht meist durch Studienreisen, Kongresse oä. Doch nicht nur einzelne Gruppen sollen miteinander in Kontakt treten. Auch im Bereich von Gesellschaft, Politik und Kultur arbeitet die Stiftung "Weltethos" daran, dass ganze Völker angeregt werden sich auszutauschen und miteinander zu kommunizieren.[64] Doch auch bereits bestehende

---

59 Vgl. http://www.weltethos.org/pdf_dat/ausstellung_deu.pdf (17.07.2008)
60 http://weltethos.org/00--home/blair_d.htm (27.09.2008)
61 Vgl. Julia W., Interview vom 09.09.2008
62 http://idw-online.de/pages/de/news254927 (21.07.2008)
63 Vgl. http://www.weltethos.org/01-geschichte.htm (17.07.2008)
64 Vgl. http://weltethos.org/01-geschichte.htm (09.09.2008)

Beziehungen werden unterstützt. Die Präsidenten der Partnerstiftungen, welche 1996 in der Schweiz, 1999 in der Tschechischen Republik, 2000 in den Niederlanden, 2001 in Österreich, 2006 in Kolumbien, 2006 in Mexiko, eröffnet wurden, werden in regelmäßigen Abständen zueinander geführt und reflektieren ihre Arbeit.[65]

Die Kontaktaufnahme mit der Stiftung ist für jedermann möglich. Umfangreiche Korrespondenz bietet auch Küng selber, der häufig angeschrieben wird und viele Briefe mit Fragen bezüglich der Stiftung oder sich selbst betreffend persönlich beantwortet.[66]

Zusätzlich ist das Projekt "Weltethos" auch in vielen Schulen ein wichtiger Bestandteil des Religionsunterrichts geworden. Unter der Internetadresse "www.schule-weltethos.de" ist ein Service der Stiftung "Weltethos" für Lehrkräfte abrufbar. Hier findet sich gesammeltes Material, welches sich sehr gut für den Unterricht eignet. Auch für die niedrigen Jahrgänge gibt es reichlich Stoff, der die Thematik des "Weltethos" einfach und sachgerecht vermittelt.[67]

4.4 Erfolge

Die Stiftung "Weltethos" wurde 2004 für ihre Tätigkeit, speziell im Bildungsbereich, von der interreligiösen Organisation "Temple of Understanding" mit dem "Global Education Award" geehrt. Zusätzlich bekam sie auch den "Ethik-Preis des Deutschen Druiden-Ordens", den Prof. Küng in der Stadthalle Nürtingen entgegennahm.[68] Ein herausragendes internationales Ereignis des Jahres 2005 war die Verleihung des "22. Niwano Friedenspreises" an Professor Küng. Mit diesem weltweit renommierten Preis würdigte die japanische Niwano-Friedensstiftung die Verdienste Hans Küngs bezüglich der Entwicklung des Projekts "Weltethos". Küng nahm den Preis in einer Feier in Tokio entgegen.[69] Ein für das Projekt "Weltethos" wichtiges Ereignis im Jahre 2006 fand im Rahmen der "8. Weltkonferenz der Religionen" in Japan statt. Über 500 Delegierte sprachen sich zum zweiten Mal, nahezu einstimmig, für die 1993 vorgelegte "Erklärung zum Weltethos" aus.

Prof. Küng hielt dabei einen Hauptvortrag beim feierlichen Eröffnungsplenum vor 2000 Teilnehmern.[70] 2007 wurde Küng vom ehmaligen UN-Generalsekretär Kofi Annan in den Vorstand des "Global Humanitarian Forum" berufen. Doch auch Prof. Karl-Josef Kuschel, der Vizepräsident der Stiftung "Weltethos", bekam eine Ehrung. Dieser wurde zum stellvertretenden Vorsitzenden des Deutsch-Ostasiatischen Wissenschaftsforums der Universiät Tübingen gewählt, was dem Projekt "Weltethos" zusätzlich Bekanntheit verschaffte.[71]

65 Vgl. http://weltethos.org/09-chronik.htm (17.07.2008)
66 Vgl. Julia W., Interview vom 09.09.2008
67 Vgl. http://weltethos.org/01-geschichte.htm (17.07.2008)
68 Vgl. http://www.weltethos.de/00--home/bericht-2004.htm (10.09.2008)
69 Vgl. http://www.weltethos.de/00--home/bericht-2005.htm (10.09.2008)
70 Vgl. http://www.weltethos.de/00--home/bericht-2006.htm (10.09.2008)
71 Vgl. http://www.weltethos.de/00--home/bericht-2007.htm (10.09.2008)

4.5 Zukunft

Der Wirtschaftsethiker Prof. Josef Wieland arbeitet mit einem kleinen Kreis aus Wirtschaftsfachleuten und Mitarbeitern der Stiftung "Weltethos" an einer "Erklärung zu einem globalen Wirschaftsethos".[72] Dieser soll *eine Grundlage für zukünftige Kooperationen mit Wirschaftsunternehmen zur Förderung von interkultureller und ethischer Kompetenz von Entscheidungsträgern und Mitarbeitern bieten.*[73] Weiterhin arbeitet Hans Küng zur Zeit an dem dritten Teil seiner Autobiografie, der 1980 bis heute umfassen und insbesondere auch speziell das Projekt "Weltethos" behandeln wird. Ebenso soll die Trilogie "Judentum", "Christentum", "Islam" durch weitere Bücher mit den Titeln "Buddhismus" und "chinesische Religionen" erweitert werden. Zwar werden diese nicht mehr von Küng persönlich geschrieben, jedoch von Spezialisten, mit denen er regelmäßig im Gespräch ist. Auch ist ein Internet-Lernprogramm für voraussichtlich Ende 2008 geplant. Dieses soll auf Deutsch bzw. Englisch kostenfrei über die Homepage der Stiftung abrufbar sein und Fragen rund um den "Weltethos" und die Religionen in verschiedenen Lernsequenzen ausführlich erklären.[74] Nach Küngs Tod soll dann der derzeitige Vizepräsident Prof. Dr. Karl-Josef Kuschel Präsident der Stiftung werden, der momentan auch als Professor für interreligiösen Dialog und Theologie der Kulturen an der Universität Tübingen arbeitet. Ausserdem teilte Prof. Küng bereits im Jahre 2005 mit, dass nach seinem Tod sein Teiles des Hauses in der Waldhäuser Straße 23 in Tübingen an die Stiftung "Weltethos" übergehen und zum "Hans Küng Forschungs- und Begegnungszentrum" werden solle. Die Arbeit der Stiftung "Weltethos" ist also auf vielfältige Weise für die Zukunft gesichert.[75]

5. Kritische Beleuchtung des Projekts "Weltethos"

5.1 "zu westlich"

Es wird vielerseits kritisiert, die Weltethoserklärung entstamme, sowie auch die Menschenrechtserklärung der Vereinten Nationen, westlich-christlicher Denkensweise.[76] Das Projekt "Weltethos" entstand von Küng und Kuschel, welche selbst Christen aus der westlichen Welt sind. Der Kritiker Raymund Schwager, der selbst katholischer Theologe ist, behauptet in seinem Artikel "Weltethos - Zustimmendes und Kritisches zum Projekt von Hans Küng und Karl-Joseph Kuschel", die westliche Welt hätte aus Eigennutz heraus ein Interesse am Frieden. Diese ist sehr reich im Vergleich zu anderen östlichen Ländern und möchte ihren Wohlstand selbstverständlicherweise erhalten bzw vermehren.

Dazu braucht sie eine weltweite stabile Friedensordnung. Daher eröffnet sich die Frage: Wem dient das Projekt Weltethos eigentlich?[77]

---

72 Vgl. http://www.weltethos.de/00--home/bericht-2007.htm (10.09.2008)
73 http://www.weltethos.de/00--home/bericht-2007.htm (10.09.2008)
74 Vgl. Julia W., Interview vom 09.09.2008
75 Vgl. http://www.weltethos.de/00--home/bericht-2005.htm (11.09.2008)
76 Vgl. Küng-Kuschel, 80
77 http://www.uibk.ac.at/theol/leseraum/texte/288.html#12 (21.07.2008)

Diese Frage tat sich bereits nach der Weltethoserklärung 1993 in Chicago auf. Küng gibt zu: *Selbstverständlich wird eine Erklärung anders aussehen, wenn sie von einem Thai-Mönch (...) oder einem christlichen Theologen entworfen worden ist. Jeder (...) bringt seine kulturell-religiöse Grundfärbung mit.*[78] Raymund Schwager bleibt kritisch. Ebenso Hans J. Münk, der in seinem Artikel "Projekt Weltethos in der Diskussion" die fehlende inhaltliche Komponente hinsichtlich östlichen Denkens kritisiert. *Wie unterläuft die Anerkennung bestimmter Staatsunterschiede zwischen verschiedenen Kasten (...) und den sogenannten "Unberührbaren" in Indien einen solchen moralischen Maßstab?*[79] Es liegen noch immer Welten zwischen dem Denken und Handeln liberaler, westlicher Demokraten und dem der Kulturkreise des östlichen Teils der Erde.[80] Daher erscheint es naheliegend, dass Küng und Kuschel ein stark westlich geprägtes "Weltethos" entworfen haben und das Projekt mit fehlenden Stichworten wie "globale spirtuelle Harmonie", "Einheit von Seele und Kosmos, "Verbindung mit dem Universum" für die östliche Welt unvereinbar erscheint.[81] Julia W. betonte im persönlichen Gespräch jedoch, dass sogar der Dalai Lama, bekanntester Vertreter des Buddhismus, die Erklärung zum "Weltethos" als einer der ersten unterschrieben habe und dieser wohl am ehesten wisse, ob der Ethos mit seiner Religion vereinbar sei.[82]

5.2 Inhaltliche Ungenauigkeit

Ein weiterer Kritikpunkt des "Projekts Weltethos" ist die inhaltliche Ungenauigkeit.[83] Reinhold Bernhardt, Professor für Systematische Theologie in Basel, fordert gemeinsame Handlungsziele statt allgemeiner Normen. Die Grundforderungen des Projekt "Weltethos" und die daraus resultierenden vier unverrückbaren Richtlinien haben in den verschiedenen Religionen verschiedene Stellenwerte und sind somit inhaltlich nicht zu vereinbaren.[84] Die inhaltliche Ungenauigkeit begründet Bernhardt auch in den unterschiedlichen Auslegungsmöglichkeiten der vier unverrückbaren Richtlinien. *Fällt Notwehr unter das Tötungsverbot? Gibt es gerechte Kriege? Haben Hungernde und Ausgebeutete das Recht, sich durch Diebstahl am Leben zu erhalten? Gibt es Situationen, in denen es ethisch geboten ist, die Wahrheit nicht zu sagen?*[85] Diese Fragen gilt es zu beantworten, um das "Weltethos" inhaltlich zu konkretisieren.[86]

Ebenfalls wird die Inhaltsleere des Humanitätsprinzips von Th. Hoppe stark kritisiert. (...) *"Jeder Mensch muss menschlich behandelt werden" sei nichts anderes als eine Tautologie.*[87]

---

78 Küng-Kuschel, 80
79 Hans J. Münk, Art: Projekt Weltethos in der Diskussion in: SdZ (2004), 107-108
80 Vgl. Münk, Art: Projekt Weltethos in der Diskussion, 107-108
81 Vgl. Küng-Kuschel, 80
82 Vgl. Julia W, Interview vom 09.09.2008
83 Vgl. Münk, Art: Projekt Weltethos in der Diskussion, 107
84 Als Beispiel hierzu führt der Theologe den Buddhismus an. Nicht die Praxis von "Weltverantwortung", sondern des Streben nach Erlösung steht hierbei stets im Vordergrund (vgl. http://www.reformiert-info.de/2009-0-56-3.html) (30.07.2008)
85 http://www.reformiert-info.de/2009-0-56-3.html (30.07.2008)
86 Vgl. http://www.reformiert-info.de/2009-0-56-3.html) (30.07.2008)
87 Th. Hoppe, Weltinnenpolitik durch Weltethos? Rückfragen an das Projekt von Hans Küng, in: HerKorr 51

Ähnliche Ablehnung wird zusätzlich von O. Höffe und H. Schulz geäußert, indem diese eine Präzisierung der Goldenen Regel erwünschen: *Sie erweist sich (...) bei näherer Betrachtung weder als zureichender noch als hinreichender genauer Maßstab.*[88]

Ebenfalls kritisiert Hoppe den inhaltlichen Aspekt der Weltethoserklärung, insbesondere die Gebotsformulierung und ihre positiven Wendungen. Als Beispiel zieht er die erste unverrückbare Richtlinie heran: *Du sollst nicht töten! Oder positiv: Hab Ehrfurcht vor dem Leben.*[89] Die Formulierungen seien nicht kongruent.[90] Habe ich automatisch Ehrfurcht vor dem Leben, nur weil ich nicht töte? Als Frau W. mit dieser Kritik konfrontierte wurde, betonte sie, dass die Gebotsformulierung und ihre positiven Wendungen keine mathematischen Gleichungen seien. Nicht töten sei vielmehr eine gewisser Sammelbegriff, der auch Mobbing, Folter und ähnliche psychische Komponenten miteinschließt.[91]

Diese und weitere Kritikpunkte werden dem Projekt "Weltethos" vorgeworfen. So zum Beispiel, ob nicht nur Gott unbedingt verpflichten kann[92] oder der fehlende Empiriebezug des Projekts.[93] Küng gibt in zahlreichen Interviews Antworten und bezieht zu den verschiedensten Kritikpunkten meist selbst Stellung.

(1997) 410-414, gl. ferner Noichl (A.12) 13-19, 29, 34f. zitiert nach Münk, Art: Projekt Weltethos in der Diskussion, 107

88 O. Höffe, Art: Goldene Regel, in: Lexikon der Ethik, München (1997), 114, vgl. ferner H. Schulz, die goldene Regel. Versuch einer prinzipienethischen Rehabilitierung, in ZEE 47 (2003), 193-209 zitiert nach Münk, Art: Projekt Weltethos in der Diskussion, 107

89 Küng-Kuschel, 29

90 Th. Hoppe, Weltinnenpolitik durch Weltethos? Rückfragen an das Projekt von Hans Küng, in: HerKorr 51 (1997) 410-414, gl. ferner Noichl (A.12) 13-19, 29, 34f. zitiert nach Münk, Art: Projekt Weltethos in der Diskussion, 107

91 Vgl. Julia W., Interview vom 09.09.2008

92 Siehe dazu Gerd Neuhaus, kein Weltfrieden ohne christlichen Absolutheitsanspruch mit Hans Küngs "Projekt Weltethos", Freiburg im Breisgau, 1999, 19

93 Siehe dazu Münk, Art: Projekt Weltethos in der Diskussion, 109

6. Zusammenfassung

Hans Küng legte 1990 eine Programmschrift für den „Weltethos der Religionen" mit seinem Buch "Projekt Weltethos" vor. Darin schildert Küng seine drei Überzeugungen, die das Projekt noch heute in seiner Arbeitsweise beeinflussen: *Kein Frieden unter den Nationen ohne Frieden unter den Religionen; kein Frieden unter den Religionen ohne Dialog zwischen den Religionen; kein Dialog zwischen den Religionen ohne Grundlagenforschung in den Religionen.*[94]

Das "Weltethos" basiert auf zwei fundamentalen Prinzipien, die allen großen Religionen und Kulturen in ihrem Kern gleich sind: das Humanitätsprinzip und die Goldene Regel. 1993 verabschiedete das Parlament der Weltreligionen in Chicago die von Küng und Kuschel entworfene "Erklärung zum Weltethos". Die Vertreter aller Religionen legten sich auf vier Weisungen für vier Lebensbereiche hinsichtlich eines "Weltethos" fest. Sie verpflichteten sich auf eine Kultur der Gewaltlosigkeit und der Ehrfurcht vor allem Leben; der Solidarität und einer gerechten Wirtschaftsordnung; der Toleranz und dem Leben in Wahrhaftigkeit; der Gleichberechtigung und der Partnerschaft von Mann und Frau. 1995 entschloss sich Graf Karl Konrad von der Groeben, aufgrund seiner Begeisterung von Küngs Buch "Projekt Weltethos", eine große Geldsumme bereitzustellen , um den Gedanken eines "Weltethos" zu verbreiten. Die Stiftung "Weltethos" wurde 1995 mit Küng als Präsident gegründet. Bis heute arbeitet diese und viele globale Partnerstiftungen in den Arbeitsbereichen Bildung, Forschung, Begegnung und hat zahlreiche Erfolge erlebt.

Zu den Kritikpunkten, dass das "Weltethos" inhaltlich nicht genau genug sei oder nur Gott unbedingt verpflichten dürfe, steht Küng meist persönlich Rede und Antwort. Auch Frau W. gab mir im Interview darauf gezielte Antworten. Küng feierte dieses Jahr seinen 80. Geburtstag und tritt häufig in die Öffentlichkeit. Pläne, wie es nach ihm mit der Stiftung weiter gehen wird, sind abgeschlossen und gesichert. Präsident der Stiftung soll dann der derzeitige Vizepräsident Prof. Dr. Karl-Josef Kuschel werden. Doch Küng denkt ungern an Momente des Rückzugs: *Ich werde weiterhin um der Wahrheit willen Widerstand leisten, die Freiheit hochhalten, die Forschung vorantreiben und kämpfen. (...) Bis in euer Alter bin ich derselbe, und ich will euch tragen, bis ihr grau werdet (Jesaja 46,4).*[95]

Es bleibt zu hoffen, dass das Projekt "Weltethos" eine wichtige Rolle für die Gestaltung des globalen Friedens im 21. Jahrhundert spielt und trotz der großen Anzahl der verschiedenen Religionen auf der Erde die Vermeidung des von Huntington vorhergesagten "Clash of Civilizations" gelingt. Die Religionen müssen sich auf das bereits Gemeinsame innerhalb ihrer Ethiken und Moralvorstellungen konzentrieren.[96] Sie müssen miteinander in Dialog

---

94 http://www.weltethos.org/pdf_dat/ausstellung_deu.pdf (20.09.2008)
95 H. Küng, umstrittene Wahrheiten. Erinnerungen, Piper ², München, 2007, 684-685
96 Der Wunsch des Friedens ist ein Beispiel für eine gemeinsame Moralvorstellung, so wie die Goldene Regel. Sich ähnelnde Zitate über den Wunsch nach Frieden findet man in allen Heiligen Schriften aller Religionen: "Selig sind die Frieden stiften, denn sie werden Kinder Gottes genannt werden", sagt Jesus. Im Islam heißt es: "Gott wird die Menschen führen. Wenn sie auf Ihn hören, so wird Er sie aus der Dunkelheit des Krieges zum Licht des Friedens führen". Im Buddhismus: "Das Ziel aller sollte sein, Frieden zu erlangen und mit allen Mitteln in Frieden zu leben". Im Hinduismus: "Gott ist ein Gott des Friedens und er wünscht den Frieden

treten und sich über ihre Ethiken austauschen. Die Verantwortung über die Welt liegt nicht nur allein bei den Religionen, sondern auch bei jedem Einzelnen. *Eine wirkliche Weltveränderung kann es nur durch Menschenveränderung geben. (...) Der Mensch und die Welt sind eins. Das ist unser Problem, aber auch unsere Chance.*[97]

für alle Menschen". Im Judentum:"Dann werden sie ihre Schwerter zu Pflugscharen und ihre Spieße zu Sicheln machen. Denn es wird kein Volk wider das andere ein Schwert aufheben und werden hinfort nicht mehr kriegen lernen" (vgl.http://www.epochtimes.de/articles/2006/02/20/10243.html)
97 http://www.epochtimes.de/articles/2006/02/20/10243.html (26.09.2008)

Literaturverzeichnis

Bücher:

Glasenapp, die fünf Weltreligionen. Hinduismus, Buddhismus, Chinesischer Universismus, Christentum, Islam, Eugen Diedrichs Verlag, München, 1996

H. Küng u. K-J. Kuschel, Erklärung zum Weltethos. Die Deklaration des Parlamentes der Weltreligionen, Piper, München, 1993

H.Küng, Weltpolitik und Weltethos. Status quo und Perspektiven, Wien, 2002

H. Küng, Wozu Weltethos? Im Gespräch mit Jürgen Hoeren, Herder, Freiburg im Bresgau, 2002

H. Küng, umstrittene Wahrheiten. Erinnerungen, Piper [2], München, 2007

Sekundärliteratur:

Münk Hans J. Art: Projekt Weltethos in der Diskussion in: SdZ (2004)

Neuhaus Gerd, kein Weltfrieden ohne christlichen Absolutheitsanspruch mit Hans Küngs "Projekt Weltethos", Freiburg im Breisgau, 1999

Lexikon:

Hausmanninger T, Art: Weltethos, in: LthK 10 2006

Kanz Christoph, Ethik-Religion, Freising 2001

Lüddeckens D, Art: Weltparlament d. Religionen, in: TRE 35 (2003)

Internetaddressen:

http://www.albertusmagnus.de/text/kueng_1.htm

http://www.amadeu-antonio-stiftung.de/wir-ueber-uns/gremien/der-stifter

http://www.bundestag.de/parlament/funktion/gesetze/grundgesetz/gg_01.html

http://de.encarta.msn.com/encyclopedia_761567141/K%C3%BCng_Hans.html

http://www.epochtimes.de/articles/2006/02/20/10243.html

http://www.faz.net/s/RubA330E54C3C12410780B68403A11F948B/Doc~ECC7B8C86398241C1901F1E28FC15D789~ATpl~Ecommon~Scontent.html

http://www.glaubeaktuell.net/portal/journal/journal.php?IDD=1205207519&IDDParent=1028562155&Suche=1&IDT=40&IDB=1

http://idw-online.de/pages/de/news254927

http://www.kath.de/akademie/rahner/04Vortraege/01print/inhalt-online/_splett-weltethos.html

http://www.reformiert-info.de/2009-0-56-3.html

http://www.uibk.ac.at/theol/leseraum/texte/288.html#12

http://www.unric.org/index.php?option=com_content&task=view&id=105&Itemid=146

http://www.uni-tuebingen.de/uni/uoi/Institut/Personen/Kueng/Bibliographie.html

http://www.weltethos.de/00--home/bericht-2004.htm

http://www.weltethos.de/00--home/bericht-2005.htm

http://www.weltethos.de/00--home/bericht-2006.htm

http://www.weltethos.de/00--home/bericht-2007.htm

http://www.weltethos.org/00--home/blair_d.htm

http://www.weltethos.org

http://www.weltethos.org/01-geschichte.htm

http://www.weltethos.org/pdf_dat/ausstellung_deu.pdf

http://www.wissen.de/wde/generator/wissen/ressorts/bildung/index,page=1186744.html

BEI GRIN MACHT SICH IHR WISSEN BEZAHLT

- Wir veröffentlichen Ihre Hausarbeit,
  Bachelor- und Masterarbeit

- Ihr eigenes eBook und Buch -
  weltweit in allen wichtigen Shops

- Verdienen Sie an jedem Verkauf

Jetzt bei www.GRIN.com hochladen und kostenlos publizieren